인생에서
망설이면
안 되는 순간
70

KIMINIWA MOU SONNAKOTOWO SHITEIRUJIKAN WA
NOKOSARETEINAI
ⓒ TAKUYA SENDA 2013
Originally published in Japan in 2013 by ASA PUBLISHING CO., LTD., TOKYO,
Korean translation rights arranged with ASA PUBLISHING CO., LTD., TOKYO,
through TOHAN CORPORATION, TOKYO, and EntersKorea Co., Ltd., SEOUL.

인생에서 망설이면 안 되는 순간 70

초판 1쇄 인쇄 2014년 3월 10일
초판 1쇄 발행 2014년 3월 20일

지은이 센다 다쿠야
옮긴이 이근아
펴낸이 김찬희
펴낸곳 끌리는책

출판등록 신고번호 제25100-2011-000073호
주소 서울시 구로구 오류동 109-1 재도빌딩 206호
전화 영업부 (02)335-6936 편집부 (02)2060-5821
팩스 (02)335-0550
이메일 happybookpub@gmail.com

ISBN 978-89-90856-66-1 13320
값 12,000원

인생에서 망설이면 안 되는 순간 70

센다 다쿠야 지음 | 이근아 옮김

끌리는책

●

행복한
인생을 위한
첫걸음

지각에는 두 가지 종류가 있다.

1분 지각과 1시간 지각이다.

1분 지각과 1시간 지각 중에서 어느 쪽 잘못이 더 클까?

1분 지각한 잘못이 훨씬 더 크다.

1시간 지각은

교통 사정처럼 어쩔 수 없는 이유인 경우가 많지만,

1분 지각은 상대방을 가볍게 생각했다는 증거이기 때문이다.

만나기로 약속한 상대방보다

자신의 사정을 우선시한 것이 1분 지각의 본질이다.

좀 더 솔직히 말하자면 게으름이 1분 지각의 진짜 원인인 것이다.

시간은 누구에게나 생명의 단편이다.

인간은 이 세상에 태어나는 순간부터

시간과 함께 죽음을 향해 걸어간다.

그리고 유일하게 시간만은

모든 인류에게 공평하게 주어져 있다.

빌 게이츠도

워런 버핏도

손정의도

당신도

나도

하루는 똑같이 24시간이다.

게으름을 피워 1분 지각했다는 것은

상대방의 생명을 가볍게 여겼다는 말이다.

물론 1분 지각했다고 법의 심판을 받지는 않는다.

하지만 1분 정도는 습관적으로 지각하고,

1분을 우습게 생각하는 사람과는 가까이 지내지 않도록 하자.

"겨우 5분 늦었는데 뭘 그래!"

라며 적반하장으로 나오는 사람이라면 더더욱

절대로 엮이지 않는 것이 좋다.

Time is life(시간은 생명이다).

이 사실을 깨닫는 것이 행복한 인생을 위한 첫걸음이다.

미나미오야마의 서재에서 센다 다쿠야

Contents

Part 1

당신에게는 망설이고 있을 시간이
1초도 없다

Part 2

당신에게는 망설이고 있을 시간이
1분도 없다

Part 3

당신에게는 망설이고 있을 시간이
1시간도 없다

Part 4

당신에게는 망설이고 있을 시간이
하루도 없다

Part 5

당신에게는 망설이고 있을 시간이
한 달도 없다

Part 6

당신에게는 망설이고 있을 시간이
1년도 없다

Part 7

당신의 인생에는 망설이고 있을 시간이
더 이상 남아 있지 않다

Part 1

당신에게는
망설이고 있을 시간이
1초도 없다

1

" 좋아하는지
싫어하는지
망설이지 않는다 "

인생은 좋아하는 일을 하기 위해 주어졌다.

좋아하는 일을 하기 위해서는

우선 자신이 좋아하는 것에 대해 솔직해져야 한다.

좋아하는지 싫어하는지 망설일 시간은 없다.

좋아하는 것은 생각하는 것이 아니라 느끼는 것이기 때문이다.

생각하는 데에는 시간이 걸리지만

느끼는 데에는 시간이 전혀 걸리지 않는다.

"충분히 검토한 결과 당신을 좋아하는 것 같습니다.

저와 사귀어주세요."

"오랜 시간 생각해봤는데 아무래도 당신을 싫어하는 것

같습니다. 헤어지는 게 좋겠어요."

이런 인생을 보낸다는 것은 참으로 안타까운 일이다.

믿기지 않을지도 모르지만,

세상에는 이런 사람들이 차고 넘칠 정도로 많다.

좋고 싫은 것은 한순간에 정해진다.
'싫어하는 것은 아니지만'이 아니라
'정말 좋아한다'고 고백하자.
'그다지 좋아하지 않는다'가 아니라
'진심으로 싫다'고 고백하자.

"……하는 것은 아니지만."
"그다지…….."
이러한 말을 습관적으로 하다 보면
나이가 들면서 얼굴 표정도 바뀌게 된다.

"……하는 것은 아니지만."

"그다지……."

이런 생각이 얼굴에 주름살을 만든다.

좋아하거나 싫어하는 감정에 솔직해지면

어느 순간 주변에는 좋아하는 사람들로 가득 차게 될 것이다.

2

"
결혼할지 말지
망설이지 않는다
"

"이 남자는 나와 결혼할 상대로 적합할까?"

"이 여자가 정말 나와 평생을 함께할 짝일까?"

만일 지금 만나고 있는 사람에 대해

이런 마음으로 망설이고 있다면,

그 사람은 운명의 상대가 아닐지 모른다.

운명의 상대라면 결혼할지 말지 망설이지 않는다.

결혼하겠다는 생각은 이미 확고하기 때문에

어떤 결혼식을 할지,

어떻게 함께 살아갈지를 고민한다.

나이가 들수록

원하는 조건을 다 갖춘 상대를 만날 확률은 매우 낮아진다.

왜냐하면

내가 원하는 조건을 모두 갖춘 사람은 대부분

다른 사람이 차지했을 가능성이 높기 때문이다.

운명의 상대란

그 사람이 가진 조건이나 성격 등을 다 고려하고도

'그럼에도 불구하고' 결혼하고 싶은 사람이다.

결혼에 대한 망설임이 전혀 생기지 않는 사람이다.

적당히 시시한 상대로 타협할 생각이라면,

그 정도 상대는 얼마든지 많다.

3

"

초대장을 받고
망설여진다면
참석하지 않는다

"

결혼식, 출판 기념, 창립 기념, 축하 파티 등등

세상에는 갖가지 이름의 기념식이나 모임이 무수히 많다.

하지만 초대받은 자리에 전부 참석했다가는

몸도 마음도 지치고 힘들어 아무것도 할 수 없다.

이런 인생이 과연 행복하다고 할 수 있을까?

초대장을 받고 1초라도 망설였다면

그 모임에는 참석하지 않는 것이 좋다.

참석 여부를 알려달라는 내용이 적혀 있다면

즉시 전화나 메일로 참석하지 못한다는 의사를 밝힌다.

이때는 정중한 태도로 아쉬운 마음을 표하는 것도 잊지 말자.

초대장을 보낸 쪽에게도 참석 여부를 확실히 알려주는 편이

훨씬 도움이 된다.

모임을 주최한 경험이 있는 사람이라면 잘 알겠지만,

참석 확인 작업은 상당히 번거롭고 시간이 많이 걸리는 일이다.

몇 번이나 연락을 시도해서 겨우 통화가 되었는데

상대방이 참석할 수 없다고 통보하는 것만큼

기운 빠지는 일도 없다.

모임은 진심으로 마음이 동할 때만 참석하면 된다.

4

"

거절했는데도
다시 권한다면
대응하지 않는다

"

한 번 거절한 일을 다시 청하거나 권하는 경우가 있다.

이때는 더 이상 대꾸하지 않아도 된다.

경우에 따라서는 연을 끊어도 상관없다.

내가 관심도 없는 종교를 두 번 이상 권유받았다.

내가 관심도 없는 상품을 두 번 이상 권유받았다.

내가 관심도 없는 모임을 두 번 이상 권유받았다.

여기서 중요한 것은 '내가'라는 부분이다.

당신의 인생은 다른 누구도 아닌 당신 자신의 것이다.

당신은 관심도 없는데 두 번 이상 권유한 것은

당신을 위해서가 아니다.

상대방은 당신을 전혀 배려하지 않는 것이다.

오로지 자신의 이익을 위해 당신을 이용하려는 것뿐이다.

그들에게는 부과된 할당량이 있기 때문이다.

"당신을 위해서"라는 말은 전부 거짓말이다.

이미 거절했는데도 다시 권유한다면

그것은 사기라고 생각하자.

사기에 걸려들지 않으려면 더 이상 대구하지 말아야 한다.

이런 상황에 처했을 때는

"전혀 관심 없습니다"라고 단호하게 한 번만 의사를 표한다.

5

" 지시받은 일에 대해
일일이
이유를 묻지 않는다 "

직장 생활을 하다 보면 상사나 선배로부터

여러 가지 자질구레한 일을 지시받는 경우가 많다.

이럴 때 그 일을 왜 해야 하는지 꼬치꼬치 따지고 드는

사람이 있다.

이런 사람은 미움을 사기 십상이다.

그 일을 하기 싫어서 이유를 캐물으며

시간을 벌려고 한다는 것을 주변이 알아차리기 때문이다.

지시도 받기 싫고 잡무도 하기 싫다면 방법은 하나다.

출세해서 임원이 되거나

자신도 회사를 차려 사장이 되는 것이다.

일을 하는 이유는 상대방이 가르쳐주는 것이 아니다.

이러쿵저러쿵 할 것 없이 일단 해치우고 나면

저절로 깨닫게 된다.

이유를 백 가지 들었다 해도

실제로 해보지 않으면 그 의미를 영원히 알 수 없다.

그래도 이유를 물어야 하겠다면 딱 한 번만 묻는다.

그리고 이유를 들으면 즉시 일을 시작하자.

어차피 해야 하는 일이라면

미움을 사는 것보다 호감을 주는 편이 낫다.

6

" 대답할 때
고의로
뜸들이지 않는다 "

상사나 선배가 이름을 불렀을 때 뜸을 들이는 사람은

좋은 인상을 주지 못한다.

들은 것이 분명한데도 일부러 뜸을 들인다는 느낌이

상대방에게 전달되어 불쾌감을 주기 때문이다.

예를 들어 한가로이 인터넷을 하던 참인데도

괜히 바쁜 척하고 싶거나

평소에 업무 수행 능력이 떨어져

짐짓 자신의 존재를 과장하고 싶은 마음에

뜸을 들이게 되는 것이다.

어차피 대답을 하는 수고는 마찬가지이므로

누가 이름을 부르면 바로 대답하는 것이 좋다.

대답할 때의 반응 속도와 그 사람에 대한 호감도는

완전히 비례한다.

반응이 빠른 사람은 주변 사람들이 호감을 느끼고

무슨 일이든 도와주게 마련이다.

기회도 자연히 이런 사람에게 집중되므로

결과적으로 출세를 하고 부자가 된다.

반면 반응이 느린 사람은 주변 사람들이 회피한다.

기회도 이런 사람에게서 멀어지므로

결과적으로 출세도 하지 못하고 부와도 인연이 없다.

불과 1초도 안 되는 이 차이로 인생이 확연히 갈리는 것이다.

7

" 인사할지 말지
망설이지 않는다 "

인사하기를 주저하는 사람이 있다.

인사할지 말지 망설이는 것은 상당히 볼품없게 보이며

쓸데없는 시간 낭비다.

인사를 망설이는 시간은

당신뿐만 아니라 상대방도 어색하게 만든다.

눈이 마주치고 2초 동안 주저했다면

인사할 기회는 사라졌다고 봐야 한다.

작은 망설임으로 인해 두 사람 모두 하루 종일

우울한 기분으로 지낼 수밖에 없다.

하루치 수명을 쓸데없이 낭비한 것이다.

눈이 마주치면 망설이지 말고 인사하자.

말을 건네기가 부담스럽다면

가볍게 고개를 끄덕이는 것도 좋다.

상대방이 잘난 사람인지 아닌지, 선배인지 아닌지,

거래처 직원인지 아닌지는 전혀 관계없다.

아는 사람이라는 사실만으로도

인사하는 데 충분한 이유가 된다.

모르는 사람이라도 눈이 마주치면 가볍게 인사하는 것이 좋다.

설령 상대방에게 무시를 당하더라도 당신이 인사했다는

사실은 남게 된다.

이것을 수백 번, 수천 번 반복하다 보면

반드시 알아봐주는 사람이 있다.

그것을 알아봐주는 사람은 정말 멋지다.

"
전화를
받을지 말지
망설이지 않는다
"

직장에서는 전화를 받는 사람이 정해진 경우가 많다.

신입 사원이나 나이 어린 직원이 받거나,

회사에 따라서는 부서원이 교대로 돌아가며 받기도 한다.

만약 당신이 전화를 받아야 하는 상황이라면,

전화를 받을지 말지 일일이 망설여서는 안 된다.

전화벨이 한 번 울리면 바로 받는 것이 좋다.

전화를 받을 때 드는 노력은 똑같아도

전화벨이 한 번 울린 것과 세 번 울린 것에 대한

평가는 전혀 다르다.

세 번 이상 울릴 때까지 전화를 받지 못했다면 게임오버다.

차라리 전화를 받지 않는 편이 낫다.

전화를 늦게 받은 것만으로 고객은 이미 불만을 품게 된다.

말투가 퉁명스러워질 수밖에 없다.

좋게 이야기하려던 마음이 순식간에 식어

안 좋은 방향으로 이야기가 흘러간다.

추가 주문을 하려고 전화를 걸었는데

클레임을 걸게 되는 것이다.

결국 서로 기분이 상한 채 전화를 끊게 된다.

이처럼 전화벨이 몇 번이나 울려도 받지 않는 회사는

고객이 점점 떨어져나가게 된다.

결국 회사 경영이 악화되어 당신의 월급도 깎이게 된다.

" 계산대 앞에서
서로 내겠다고
실랑이하지 않는다 **"**

음식점에서 서로 계산하겠다며 옥신각신하는 것은

볼썽사나운 행동이다.

중년 남녀뿐만 아니라 젊은 직장인들도 계산대 앞에서

"여긴 내가 낼게."

"아냐, 이번은 내가 내지."

"그럼 차라리 각자 부담하자."

이렇게 실랑이 벌이는 모습을 자주 보게 되는데,

솔직히 민폐라고 볼 수밖에 없다.

가게 직원은 항상 바쁘다.

계산하려고 뒤에 줄서 있는 손님들도

시간이 남아도는 것이 아니다.

만약 계산대 앞에서 실랑이를 하게 될 것 같으면

일단 당신이 대표로 계산한 다음
밖에서 여유 있게 정리를 하면 된다.

계산대 앞에서 상대방이 "여긴 내가 내겠다"고 하면,
실랑이 할 것 없이 즉시 "잘 먹었다"고 인사하자.

다음 기회에 당신이 대접하면 된다.

10

" 연하장을 받았어도
일일이
답장하지 않는다 "

해마다 연초가 되면 마음이 무거워지는 사람이 많다.

연하장에 답장을 보내야 한다는 생각 때문이다.

자신은 보내지 않았는데 연하장이 온 경우,

1초 안에 상대방의 얼굴이 떠오르지 않는다면

답장하지 않아도 된다.

1초 안에 얼굴이 떠오른다 해도 상관없다.

연하장을 보내지 않은 것은

정신없이 바쁜 연말에 일부러 시간을 낼 필요가 없다고

나름대로 판단한 결과이기 때문이다.

자신의 결정을 존중하는 편이 좋다.

이러한 결정은 당신의 수고뿐만이 아니라

상대방의 수고도 덜어준다.

왜냐하면 답장을 받지 않으면

다음부터는 연하장을 보내지 않을 것이기 때문이다.

즉 상대방도 연하장을 보내지 않는 쪽으로 결정을 내릴 수 있다.

연하장에 답장을 보내는 것이 예의라고 생각하는 사람이

많지만, 실은 시간만 빼앗을 뿐이다.

당신이 먼저 그 악순환을 끊고

상대방에게 시간을 선물하도록 하자.

아무런 도움도 되지 않는 나쁜 관습은 버리는 것이 좋다.

연하장에 답장을 보낼 시간으로

새해를 좀 더 여유 있게 즐기도록 하자.

1초가 있다면
키스하고 싶다

Part 2

당신에게는
망설이고 있을 시간이
1분도 없다

11

"
1분 이상
망설였다면
하지 않는다
"

할 것인지 말 것인지 망설이는 사람이 있다.
망설이면 망설일수록 결국 하지 않는 것으로
결정 나게 마련이다.
사람은 결단을 해야 하는 상황에서 시간이 경과할수록
현상유지를 하는 쪽으로 결정하게 되기 때문이다.

따라서 반드시 1분 이내에 결단을 내린다.
1분이 지나면 현상유지라고 못박아둔다.
즉 하지 않는 것이다.

무리해서 용감한 척할 필요는 없다.
도전하지 않기로 결정하는 것도 훌륭한 결단이다.
발전도 못하고 영광을 잃을지도 모르지만,
그것은 그것대로 자신의 선택이기에 괜찮다.

다른 사람이 이러니저러니 참견할 일이 아니다.

1분 이상 망설이는 사람은 1시간이 지나도 망설인다.
1시간 이상 망설이는 사람은 하루를 망설이고
한 달이 지나도, 1년이 지나도 망설이기만 한다.
평생을 망설이면서 보내는 것이다.

처음부터 하지 않기로 정했다면 편했을 텐데 말이다.

12

"
무단으로
1분 지각한 상대는
더 이상
만나지 않는다
"

항상 1분 정도 지각을 하는 사람이 있다.

본인은 제 시간에 온 것이라고 합리화하기 때문에

1분 늦었다고 지적이라도 할라 치면 오히려 화를 낸다.

사람은 핵심을 찌르면 자기 방어를 위해

공격적이 되기 때문이다.

1분 지각하는 사람은

다른 일에서도 미묘하게 늦는 버릇이 있다.

일이 시작되면 정해진 날짜를 살짝 어긴다.

많이 늦은 것도 아니라서 뭐라 말하기도 애매한 상황이다.

치사하게 늦는 것이다.

치사하고 미묘하게 늦으면 이것이 주변에도 전염된다.

미묘하게 지각하는 사람은

돈을 납입하는 기한도 미묘하게 늦다.

납입 기한이 늦으면 상대 회사는

어려움에 처할 수도 있음을 알아야 한다.

상습적으로 1분 지각하는 사람은

악의가 없더라도 주변에 나쁜 기운을 퍼뜨리기 쉽다.

따라서 자신이 1분 지각하지 않는 것은 물론,

1분 지각하는 사람과도 가까이 지내지 말아야 한다.

상대방이 깊이 반성하고 다음부터 행동을 개선했다면

그 관계는 지속해도 괜찮다.

하지만 전혀 반성하지 않는 사람은

언젠가 반드시 걸림돌이 될 것이다.

걸림돌이 되는 사람은 시간을 끌면 끌수록

관계를 정리하기 힘들다.

그러니 지금 즉시 인연을 끊는 것이 좋다.

"

13

1분 이상
잠과
씨름하지 않는다

"

잠과 씨름하면서 수험 공부나 자격시험 공부를

하는 사람이 많다.

경험자라면 잘 알겠지만

수마睡魔와 싸워가며 공부해봤자 머릿속에는 아무것도

남지 않는다.

피곤에 찌든 채로 밤을 새워가며 외워봤자

금세 잊어버리고 만다.

잠이 온다는 것은 우리 몸이 공부를 거부하고 있다는 말이다.

즉 본능이 거부하는 것이므로 도저히 이길 수가 없다.

설령 무리를 해서 한 번 이겼다 해도

그냥 거기서 그칠 뿐이다.

더는 지속되지 않기 때문에 처음부터 아예 하지 않는 편이 낫다.

졸음이 오면 자는 수밖에 없다.

즉시 숙면을 취해 개운한 머리로 다시 시작하자.

저항은 부질없는 짓이다.

본능을 거스르며 저항하면

본능은 두 번 다시 도전하지 못하도록 복수한다.

수마와 절대 1분 이상 싸우지 않도록 한다.

그보다는 반대로 잠이 싹 달아나는 일을 찾아서 하는 것이 좋다.

잠이 오다가도 오히려 눈이 말똥말똥해진다면

그것이 당신의 적성에 맞는 일이다.

눈이 저절로 번쩍 뜨이는 일을 찾아

그것으로 당신의 인생을 가득 채우자.

14

" 엘리베이터를
기다리는 동안
조바심내지 않는다 "

고층 빌딩에서는 엘리베이터를 기다리는 시간이
상당히 아깝게 느껴진다.
기다리는 사람들의 표정을 보면
대개는 조바심을 내며 초조해한다.

하지만 그렇게 안절부절못하며
시간을 보내는 것이야말로 시간 낭비다.
자신도 따분하고 주변에도 그런 기분이 전해진다.
게다가 아는 사람에게 그런 모습을 보일 수도 있다.
결코 웃을 일이 아니므로 주의하도록 한다.
보통 때는 점잖게 행동하던 사람이 엘리베이터 앞에서
안절부절못하며 짜증내는 모습을 보았다고 하자.
그 사람에 대한 환상이 가차 없이 깨지는 데다
자신도 모르게 주변 사람들에게 흉을 보고 싶어지는 것이 인간의 마음이다.

엘리베이터 앞에서뿐만 아니라

공공장소에서 조바심을 내는 행동은 단점만 있을 뿐

장점은 한 가지도 없다.

엘리베이터를 기다리는 시간은 길어봤자 1분 정도지만,

충분히 유용하게 보낼 수 있다.

이 시간에 무엇을 할지 미리 생각해서

그것을 습관화하도록 하자.

책을 읽거나 간단한 스트레칭 같은 것을 하면

초조감도 사라지고 다른 사람에게도 꽤 멋있게 보인다.

15

"
1분 이상
기분 상한 상태를
유지하지 않는다
"

자신이 생각한 대로 안 되면 누구든지 기분이 상한다.

이는 인간의 본능이므로 피할 수 없다.

하지만 이 때문에 계속 부루퉁해 있는 것은 시간 낭비다.

1분 이상 기분이 상해 있는 것은 수명을 단축하는 행위다.

부루퉁한 얼굴을 하고 있는 동안

당신은 죽은 것과 마찬가지이며,

주변 사람들에게도 불쾌한 기분을 전염시켜 분위기를 망친다.

기분이 상했다면 일단 화장실이나 빈 회의실처럼

아무도 없는 장소로 가는 것이 좋다.

그리고 1분 이내에 그런 기분에서 벗어나기 위한

자신만의 탈출구를 만들어놓는 것도 도움이 된다.

마음에 드는 책이나 기분이 편안해지는 음악, 서랍에 고이 아껴둔 간식처럼 자신만의 비밀 병기를 마련해두자.
그것만으로도 앞으로의 인생이 한결 편해질 것이다.

자신도 모르게 부루퉁한 얼굴을 하고 있다면
기운을 북돋아주는 책을 들고 화장실로 가자.
자신도 모르게 얼굴이 굳어 있다면
이어폰을 귀에 꽂고 흥겨운 음악을 들어보자.
자신도 모르게 한숨이 새어나온다면
달콤한 초콜릿을 한입 베어 물자.

물론 기분과 상관없이 초콜릿을 자꾸 먹는 습관은
조심해야 한다.

16

" 1분 이상
부하직원을
꾸짖지 않는다 "

부하직원이 잘못을 하면 따끔하게 지적해야 한다.
부하직원을 꾸짖지 못한다는 것은 상사로서의 책임을
저버리는 것이다.
안이하고 무른 상사는 리더로서도 실격이다.

하지만 1분 이상 부하직원을 꾸짖는 것은 좋지 않다.
1분 이상 질책을 받으면 상대방은 귀를 막아버린다.
꾸짖는 시간이 1분을 넘어가기 시작하면 에너지만
소모할 뿐 상대방은 거기에 상응하는 반성을 하지 않는다.
최악의 경우 화를 폭발시키기도 한다.

누군가를 야단칠 때 주의할 점은
지나간 일을 들먹이지 않는 것이다.
지금 잘못한 것만 꾸짖으면 된다.

지난 일까지 들춰내기 시작하면 그때부터 상황이 꼬이고 만다.

지난 일과 연결하는 것은 당사자에게 맡겨두자.

꾸지람을 듣다가 깨달을 수도 있고,

10년 후에 알아차릴 수도 있다.

어쩌면 평생 깨닫지 못할지도 모른다.

그래도 당사자에게 맡겨두는 수밖에 없다.

1분 이상 꾸짖지 않기로 결심하면, 필사적으로 꾸짖게 된다.

당신이 전력을 다해 꾸짖으면, 상대방도 뭔가 깨닫는 게 있을 것이다.

17

" 본론부터
먼저
애기한다 "

강연회가 본격적으로 시작되기 전에 주최 측에서

높은 사람이 나와 인사말을 장황하게 늘어놓는 경우가 있다.

이런 사람은 대부분 실무를 맡지 않기 때문에

상황도 파악하지 못하고 엉뚱한 이야기를 하기 일쑤다.

흔해빠진 경제 정보를 끝도 없이 소개하거나

지겹기 그지없는 설교조의 이야기를 끄집어내는 사람도 있다.

마치 자신이 강사라도 되는 양 끝날 줄을 모른다.

강연을 들으러 온 사람들은 그런 이야기에 관심이 없다.

흥이 깨진 청중들이 더 못 참고 따분해 죽겠다는

표정을 짓고 있으면 조급한 마음에 횡설수설하다

이야기가 더 길어지기도 한다.

이 같은 어리석은 실수를 저지르지 않으려면

인사말이나 서론은 뒤로 돌려놓는 것이 좋다.

프레젠테이션을 할 때도 마찬가지다.

"귀중한 시간을 내주셨으니 인사는 나중에 하고

바로 본론으로 들어가겠습니다."

이렇게 설명하고 지체 없이 본론을 시작하면 된다.

청중은 당신의 센스에 마음속으로 박수를 보낼 것이다.

18

> 업무 전화는
> 1분 이내로 끝낸다

인터넷이 우리 생활에 깊숙이 들어오면서

회사에서도 의사소통이 이메일로 이루어지는 경우가 많다.

그럼에도 전화는 아직까지 없어서는 안 될 존재다.

메일만으로는 의사를 충분히 전달하기가 어렵고,

전화는 기록으로 남지 않기 때문에 안심할 수 있다는 사람도 있다.

어쨌든 전화의 가치는 아직 건재하다.

그렇기 때문에 전화 예절에도 주의를 기울여야 한다.

전화통화를 할 때 기피 대상 1호는 말이 많은 사람이다.

전화를 받는 상대는 언제나 바쁘다는 것을 잊지 말아야 한다.

용무가 있어 전화를 걸 경우 우선 이 말부터 하는 것이 좋다.

"죄송합니다. 바쁘실 것 같으니 결론부터 말씀드리겠습니다!"

이것만으로 상대방은 안심할 수 있다.

먼저 결론부터 말하고 나면 그다음은 상대방에게 맡긴다.
상대방이 시간 여유가 있고 관심도 보인다면
이야기는 길어질 것이다.
상대방이 바쁘고 관심도 없다면 통화는 짧게 끝날 수밖에 없다.
모든 것은 상대방에게 달려 있다.

전화를 거는 행위는 상대방의 시간 속에 실례를 무릅쓰고
흙발로 비집고 들어가는 것이다.

흙발로 비집고 들어가서 오랜 시간 떠들어댄다면
상대방이 싫어하는 것은 당연하다.

19

"
점심 때
우르르 몰려가서
먹지 않는다
"

점심시간에 사람들과 몰려다니는 것을

당연하게 생각하는 사람이 많다.

하지만 이것은 당연한 일이 아니다.

우르르 모여 앉아 주머니에 손을 찔러 넣고 담배를 피우며

떠들어대는 사람이 회사에서 중요한 위치에 있을 턱이 없다.

일을 잘하는 사람은 시간의 소중함을 잘 알고 있다.

어떤 경우라도 우르르 몰려다니며

시간을 낭비하는 일은 하지 않는다.

직장인은 지위와 연봉이 낮을수록

무리를 지어 서로 의지하면서 행동한다.

여기에는 득의양양함까지 보인다.

힘이 약한 물고기나 초식동물이 떼로 몰려다니며

과시하듯이 행동하는 것과 똑같다.

반대로 연봉이 높은 사람일수록 다른 사람에게
자신의 점심 풍경을 보여주지 않는다.
혼자만의 공간에서 식사를 하거나
웬만한 월급으로는 가기 힘든 식당을 이용한다.
점심시간을 조금 앞당기거나 미루어 스케줄에 맞게
조정하는 경영진도 많다.

즐겁게 점심을 함께할 수 있다는 것은
상대를 같은 수준으로 인정하는 것이다.

지금과는 다른 단계에서 인생을 보내고 싶다면,
먼저 무리에서 무조건 빠져나와야 한다.

20

" 험담이 시작됐다면
빠져나와
화장실로 간다 "

점심시간에 회사 동료들과 함께 밥을 먹을 때

또는 카페에서 수다를 떨다가 남의 험담을 하는 경우가 있다.

흉보거나 욕을 하는 것뿐만 아니라,

그 자리에 없는 당사자가 들었다면 불쾌하게 여길 만한

소문도 전부 험담이다.

무심코 그 자리에 그대로 앉아 있다가는 한통속이 되고 만다.

"사회생활을 하려면 그 정도는 어울려야 해요."

이런 변명은 통하지 않는다.

어떤 직장이든 남을 험담하는 자리에는 끼지 않는

훌륭한 사람도 있다.

험담하는 자리에 있는 한

당신은 결코 괜찮은 사람을 만날 수 없다.

당신이 험담하는 자리를 벗어나지 못하는 한
존경할 만한 멋진 사람과는 지속적인 관계를 맺지 못한 채
당신의 인생은 눈 깜짝할 사이에 끝나게 될 것이다.

험담이 시작되면 1분 이내에 화장실에 가는 척하면서
슬그머니 자리를 뜨는 것이 상책이다.
자연스럽게 이야기를 방해하는 것이다.
휴대전화를 체크하거나 화장을 고치면서 5분 정도 시간을
보낸 후 다시 자리로 돌아오면
험담이 끝나고 다른 화제로 바뀌어 있을 가능성이 높다.

그래도 험담이 끝나지 않았다면, 급한 일이 생겼다고 말하고
아예 그 자리를 뜨는 게 상책이다.

1분이 있다면
꼭 껴안고 싶다

Part 3

당신에게는
망설이고 있을 시간이
1시간도 없다

21

"

출퇴근으로
수명을
허비하지 않는다

"

우리는 여러 가지 교통수단을 이용해 출퇴근을 한다.

시내에 살고 있다면 전철이나 버스,

교외라면 차로 출퇴근하는 사람이 많을 것이다.

그중에는 아무 생각 없이 만원전철의 고통을 견디는 사람도

있고 스트레스를 심하게 받으며 운전하는 사람도 있다.

출퇴근 때 오디오북 듣기나 어학 공부를 하며

알뜰히 시간을 보내는 사람도 적지 않다.

이렇게 열심히 사는 사람들에게

꼭 알려주고 싶은 것이 한 가지 있다.

그 노력이 보상받기를 원하기 때문이다.

출퇴근 시간을 단축하는 것이 행복해지는 비결이다.

즉 집이 직장에서 가까운 것이 행복으로 가는 최단코스다.

주변의 최고경영자들을 유심히 관찰해본 결과

집이 직장에서 가까운 것이 성공 요인 가운데

하나라는 사실을 깨달았다.

나도 이를 그대로 흉내 내어 집을 직장 가까운 곳으로 옮겼는데,

직장이 가까워질 때마다 수입이 껑충 뛰었다.

첫 번째 회사는 45분이 걸렸지만,

두 번째 회사는 자동차로 1분밖에 걸리지 않았다.

지금은 아예 직장과 집을 일체화해서 출퇴근하는 데

시간이 전혀 걸리지 않는다.

그 결과 매달 동년배 회사원의 연수입보다 많은 돈이

여기저기서 들어오고 있다.

22

"
귀가 후
무의식적으로
텔레비전을
켜지 않는다
"

미어터지는 전철에 흔들리며 마지막 힘을 쥐어짜내
간신히 집에 도착하면 가장 먼저 무엇을 하는지 생각해보자.
무의식적으로 텔레비전 리모컨에 먼저 손이 가는 사람이
많을 것이다.

텔레비전을 켜고 좋아하는 채널에 맞춘 후
멍하니 보며 아무 생각 없이 시간을 보내는 것은
피로에 지친 뇌의 현실 도피일 뿐이다.
차라리 그 시간에 잠자리에 들었다면
잠이라도 충분히 잤겠지만,
무심코 텔레비전을 켜는 바람에
한두 시간이 눈 깜짝할 사이에 흘러가버리고 만다.
그리고 다음 날 아침
"5분만, 10분만……"

하면서 알람을 끄게 된다.

귀가 후 텔레비전을 켜지 않는 것만으로도
수면 시간은 대폭 늘어난다.
어차피 텔레비전을 볼 거라면 밤보다는 아침이 훨씬 낫다.
최신 정보도 많은 데다 방송 분위기도 활기차
아침잠을 깨는 데 그만이다.

숙면 후 맑은 정신으로 일어나면
텔레비전 정보를 흡수하는 데도 훨씬 효율적이다.

23

"
책을 무조건
처음부터 끝까지 읽을
필요는 없다
"

아무리 책 읽는 속도가 느린 사람이라도
순식간에 속독하는 방법이 있다.

책 읽을 시간을 미리 정해두는 것이다.
"이 책에는 30분만 투자한다"라고 정했다면
30분 동안 재미있다고 느낀 부분만 골라 읽는다.
목차를 펼치고 제목을 죽 훑어보고
흥미를 끄는 부분의 본문만 읽는다.
본문도 재미있다고 느끼는 대목까지 읽으면 된다.
읽다가 도중에 흥미가 사라지면 재미있다고 생각되는
다른 제목의 본문으로 옮긴다.
이런 식으로 읽어나가면 한 권 읽는 데
대개 30분도 걸리지 않는다.

돈을 주고 산 책이니 아까워서라도

처음부터 끝까지 전부 읽어야 한다고 생각하는 사람이 많다.

하지만 책은 재미있는 부분만 읽으면 된다.

꾹 참고 읽어봤자 머릿속에 남는 것은 얼마 안 되기 때문이다.

처음부터 끝까지 다 읽어도 마음에 와닿는 메시지는

기껏해야 몇 개밖에 되지 않는다.

1년 후에 기억에 남는 메시지가 하나라도 있다면

그 책은 당신에게 '올해의 양서'가 될 것이다.

성인이 되어서까지 지루함을 참아가며

책을 읽을 이유는 없다고 생각한다.

24

"1시간 정도
시간을 내달라"고
쉽게
말하지 않는다

영업을 하는 사람 중에 "1시간 정도 시간을 내달라"는
이야기를 쉽게 꺼내는 사람이 있다.
계약을 따내야 하는 입장이니 어쩔 수 없을지도 모른다.
하지만 상대방은 그 말에 큰 부담을 느끼고
마음이 무거워진다는 것을 기억해두는 편이 좋다.

'1시간'이라는 것도 넌더리가 나지만 '정도'라는 말도
결코 흘려들을 수 없다.
'정도'는 시간 관리를 잘하지 못하는 사람들이
습관적으로 하는 말이다.
이런 사람들은 자신이 말한 1시간이 훌쩍 넘어도
"그래서 제가 '정도'라고 하지 않았습니까?"라며
적반하장으로 화를 내기도 한다.
물론 대부분은 예상대로 1시간을 넘긴다.

계약이 성사되기 전에는 자리에서 일어날 생각이 없는 것이다.

"1시간 정도 시간을 내달라"는 말을 쉽게 내뱉는 사람은
다른 사람의 시간을 가볍게 여기는 것이다.
반대로 자신도 이런 말을 태연하게 하고 있지는
않은지 생각해보자.
그런 습관이 있다면 남들에게 미움을 사기 십상이다.

특히 시간 관리에 까다로운 사람은 그런 점을 몹시 싫어한다.

25

" 재미없는
강연회나 연수는
즉시
자리를 뜬다 "

별 볼일 없는 강연회나 연수에 참가하는 것은

수명을 허비하는 일이다.

회사 연수든 자비로 신청한 강연회든

재미없다고 생각되면 즉시 자리를 뜨도록 한다.

회사 연수라도 억지로 앉아 있을 필요가 없다.

참석 확인만 끝내고 화장실에 가는 것처럼 빠져나오면 된다.

가방이야 나중에 찾든지 무슨 방법이 있을 것이다.

자비로 신청한 강연회는 돈이 아까워서라도 들어야 한다고

생각할지 모르겠지만,

돈보다 시간이 훨씬 중요하다는 것을 깨닫기 바란다.

재미도 없는데 계속 앉아 있는 것은

귀중한 수명을 낭비하는 일이다.

이런 강연회는 두 번 다시 참가하면 안 된다는 것을 일깨워준

수업료라고 생각하고 깨끗이 단념하는 것이 좋다.

혹시라도 중간부터 재미있어질지도 모른다는
어리석은 기대는 버리자.

발표든 강연이든 시작이 재미없으면
끝까지 재미없게 마련이다.
강사는 청중의 주의를 끌기 위해
가장 재미있는 이야깃거리를 맨 앞에 배치한다.
그런데 시작부터 재미가 없다면 나머지는 어떻겠는가.

시시한 이야기에 당신의 귀중한 시간을 낭비해서는 안 된다.

26

논의는
서서 한다

"3분 정도면 되는데, 시간 있어?"

이런 시간 도둑이 회사마다 꼭 한 명씩은 있다.

물론 말 그대로 3분 만에 끝날 리가 없다.

최소한 30분, 대개는 1시간 이상 쓸데없는 이야기를 하며

상대해주어야 한다.

나는 직장 생활을 할 때 쓸데없는 이야기도

끝까지 상대해주었다.

언젠가 이렇게 책으로 쓸 때가 오리라는 것을 알았기 때문이다.

과장이 아니라 실제로 14시간 동안 쉬지 않고

전화 상대를 해준 적도 있다.

그렇기 때문에 장황한 이야기나 시간 분야에 대해서는

상당히 강한 편이다.

시간 도둑을 상대하는 방법은 이야기를 할 때

반드시 일어선 채로 하는 것이다.

"3분 정도라면 선 채로 이야기하죠."

이 한마디로 상대방이 선배든 상사든 실례를 범하지 않고

선 채로 이야기를 끝낼 수 있다.

실수로라도 앉아서 차를 마시며 이야기하는 일은 없도록 한다.

그것은 의욕 없는 사람들끼리 모여 게으름을 피우는 것과

다를 바 없다.

당신이 상사라면 아무쪼록 회의는

의자 없이 하기를 바란다.

선 채로 회의를 하면 회의 시간을 단숨에 단축할 수 있을 것이다.

27

" 취재나 인터뷰는
5분 전에
끝맺는다 "

독립한 뒤로 지금까지 100명이 넘는 사람들로부터

취재를 받았다.

그들은 훌륭한 기사를 쓴 사람과

그렇지 않은 사람으로 뚜렷이 나뉘었다.

이들이 어떤 면에서 차이가 나는지 이번 기회에 분석해보았다.

그 차이는 바로 인터뷰 시간이었다.

기사를 잘 쓴 사람들은 인터뷰 시간을 엄수한 데 비해

그렇지 않은 사람들은 아무렇지도 않게 시간을 연장했다.

가장 인상적인 사람은 주요 일간지에 기사를 게재하는

여성 작가였다.

핵심을 찌르는 좋은 질문으로 완벽한 취재를

했을 뿐만 아니라, 끝난 순간 시계를 보았더니

정확히 약속 시간 5분 전이었다.

진정한 프로의 모습에 진심으로 감동했다.

이런 사람은 인터뷰 준비도 철저하게 한다.

그것이 인터뷰 시간에 직접적인 영향을 미치는 것이다.

철저하게 준비해온 사람은 인터뷰 시간이 극히 짧은 반면,

준비가 제대로 안 된 사람은 인터뷰가 늘어져

시간을 연장할 수밖에 없다.

게다가 실례가 되는 질문이나 이해 부족으로 인한 반복으로

인터뷰에 응하는 사람의 의욕을 꺾어버리기도 한다.

그러니 변변찮은 기사를 쓰게 되고 언제까지나

가난과 무명에서 벗어나지 못하는 것이다.

28

" 단체로 먹는 점심이
고통스럽다면
거기서 빠져나온다 "

"회사 사람들과 같이 점심 먹는 것을 그만뒀더니
거짓말처럼 인생이 바뀌었어요."
"혼자 점심을 먹으면서부터 점심시간이 너무나
여유로워졌습니다."
매일같이 이런 내용의 편지와 메일을 받고 있다.
나는 오래전부터 '무리에서 탈출하라'는 메시지를
사람들에게 보내고 있다.
지금까지 함께 일한 수십 명의 편집자 중에도
다른 사람들과 같이 점심을 먹는 것이 괴롭다고
고백한 사람이 적지 않았다.
그만큼 점심시간은 직장인들의 고민인 것이다.

여기에서 빠져나오지 못하는 사람은
매일 1시간씩 고통을 견뎌내야 한다.

1년에 240일 근무한다고 하면
무려 240시간, 즉 꼬박 열흘 동안 지옥의 시간을 맛보는 셈이다.

사회적으로 성공한 사람은 직장 생활을 할 때도 예외 없이
혼자서 식사를 했다.
이는 여성과 남성이 다르지 않았다.
즉 점심시간을 혼자서 즐길 수 있는 사람이야말로
성공 가능성이 높은 것이다.

1년에 열흘이나 되는 그 지옥에서 당장 탈출하도록 하자.

29

"
퇴근길 한잔의
권유가 괴롭다면
연이어
거절해본다
"

'3분만' 시간을 달라는 것과 마찬가지로
'한잔만' 하자는 것도 시간 도둑이 흔히 쓰는 수법이다.

물론 말 그대로 한잔만 하고 끝날 리도 없다.
아무리 빨리 끝내려고 애써도 '한잔' 하는 데
적어도 1시간은 빼앗기게 된다.
당신의 귀중한 수명에서
1시간이 흘러간다고 생각해보라.
아무 생각 없이 '한잔만' 하자고 권하는 사람들이
야속하게 느껴질 것이다.
이러한 감정은 지극히 자연스러운 것이다.

'퇴근길 한잔'의 권유가 고통스럽다면
"죄송합니다. 오늘은 그냥 퇴근하겠습니다" 하고

두 번 연속해서 거절해보자.
연이어 거절하면 99퍼센트는 싫다는 뜻을 알아차리고
더 이상 권하지 않는다.

하지만 둔감한 사람은 알아차리지 못할 수도 있다.
이런 경우에는 거짓말도 한 방법이다.
의사가 술을 마시지 말라고 했다거나 뭔가 공부를 새롭게
시작했다고 해도 좋다.
두 번째까지는 성실히 대답하고,
세 번째부터는 노골적으로 싫은 표정을 지어도 좋다.

이 정도로 둔한 사람에게 미움을 받는다 해도
출세하는 데는 아무런 지장이 없다.

"

30

술자리는
일차가 끝난 후
사라지는 기술을
익힌다

"

요즘은 술자리를 일차로 끝내는 회사가 많아졌다.

바람직한 현상이라고 생각한다.

이 때문에 술집은 타격을 입을지도 모르겠지만,

시간을 낭비하지 않는 사람이 늘어난 것은 좋은 일이다.

술자리가 이차로 이어지면 마지막 전철을 타고

돌아갈 확률이 높아진다.

시간을 소중하게 생각한다면,

술자리는 일차 정도는 직장 생활의 연장이라고 생각해서

참석하더라도

이차까지 참석하는 어리석은 행동을 저질러서는 안 된다.

이차에 한 번 참석하게 되면 다음에도 계속 권유를 받게 된다.

좋은 사람으로 보이려다 자칫 남을 위해 살다

인생을 마감할 수도 있다.

따라서 일차에서 잽싸게 사라지는 기술을 익혀두는 것이 좋다.

회계 담당에게 자기 몫을 지불한 즉시

화장실에 가는 척하면서 사라지는 방법도 있다.

입구에 다들 모여 이차 장소를 정하느라 떠들어대는 사이

지나가는 사람들 사이에 섞여 조용히 사라지는 것도 좋다.

가장 좋은 방법은 일차에서 늘 사라지는 사람을

자세히 관찰하는 것이다.

마치 마술의 속임수를 파헤치는 것 같아 재미있을 것이다.

1시간이 있다면
사랑하고 싶다

Part 4

당신에게는
망설이고 있을 시간이
하루도 없다

31

" 이별은
내일로
미루지 않는다 "

연인의 이별, 업무상 결별 등 인생에는 으레 헤어짐이
뒤따르게 마련이다.
유효기간이 지난 물건을 처분하는 것도
하나의 이별이라 생각한다면,
사람과의 헤어짐도 언젠가는 유효기간이 있기 때문일 것이다.

즉 이별이란 '서로 흡수할 것이 더 이상 없다'는 신호와도 같다.
오래 사귀어왔다는 이유로 관계를 질질 끌게 되면
인생은 그 수준에서 끝난다.
물론 이 또한 본인의 자유이므로 훌륭한 결단이라 할 수 있다.
하지만 사람에게는 성장하고 싶다는 본능이 있다.

성장하기 위해서는 내일이 아니라 오늘 당장 헤어져야 한다.
이별을 내일로 미루는 사람은 영원히 그 관계에서

벗어날 수 없다.

'내 쪽에서는 절대 연락을 취하지 않는다'고 마음먹으면

그것만으로도 상대방이 알아서 떨어져나간다.

이처럼 이별의 시작은 자신이 먼저 연락을 끊는 것이다.

그리고 이별한 순간 거짓말처럼 인생의 흐름이 바뀐다.

여기에는 예외가 없다.

나의 경험을 돌이켜봐도 그랬다.

인생이 한 단계 업그레이드될 때는

그 직전에 반드시 어떤 이별이 있었다.

32

" 뭔가를 배울 때
억지로
하고 있다고 느끼면
그날 즉시 그만둔다 "

억지로 참으면서 배우는 사람이 있다.

"시작을 했으면 끝을 봐야지. 계속해야 돼."

"꾹 참고 견뎌야 해."

어릴 때부터 이렇게 세뇌되었기 때문일지도 모른다.

참으면서 계속하는 사람은

주변에도 인내를 강요하기 때문에 미움을 산다.

자연히 인맥도 끊기게 마련이다.

그리고 어느 날 갑자기 한계에 달해

결국 거기서 멈추게 된다.

사람들에게 인심을 잃은 채로 이도 저도 아닌,

무엇 하나 제대로 얻지도 못하는 인생의 길을 가게 되는 것이다.

뭔가를 배울 때 억지로 하고 있다고 느끼면

그날 즉시 그만두는 게 낫다.

지불한 돈이 아까워서 그만두지 못하겠다는 사람도 있다.

당치도 않은 소리며, 천만의 말씀이다.

돈이 아까워 억지로 참으면서 배우는 것보다

하루라도 빨리 거기에서 탈출해 즐거운 인생을 보내는 것이

훨씬 중요하다.

수강료는 돌려받지 못해도

그 시간을 더 중요한 일에 쓸 수 있다.

좋아하는 일에 자신의 에너지를 몽땅 쏟아 부으며 즐기면 된다.

체면 차리며 참아봤자 하루하루 늙어갈 뿐이다.

33

"
단골을
함부로 대하는 가게는
가지 않는다
"

오랫동안 그 가게의 단골인데도

남보다 못한 서비스를 받는다면 누구라도 불쾌해진다.

자신을 함부로 대한다고 느끼기 때문이다.

단골일수록 최상의 서비스를 제공해야 하는데도

오히려 만만하게 보고 신경을 쓰지 않는 가게가 많다.

서비스의 본질을 모르기 때문에 일어나는 일이다.

10년 단골보다 새로 온 손님을 소중하게 생각하는 가게는

반드시 망한다.

단골이 줄어드니 새로운 손님을 끌어들이는 데

더 집중할 수밖에 없고,

이러한 악순환이 반복되어 결국 쇠퇴의 길을 걷게 된다.

단골이니 이해하고 참아주는 것은

정신 건강에도 결코 좋지 않다.

불쾌함을 느꼈다면 즉시 발길을 끊도록 한다.

일주일에 한 번은 들르던 사람이 두 달 동안 발길이 없다면

대부분은 알아차린다.

알아차리지 못하는 경우는 경영난을 피할 수 없다.

안타까운 마음에 알려준다 해도 별 도움이 되지 않는다.

애정이 있다면 그냥 지켜보자.

망해가는 과정을 겪으며 본인이 직접 깨닫는 수밖에 없다.

본인이 느끼지 않으면 본질적으로 해결하는 것은

영원히 불가능하기 때문이다.

34

" 불합리한 대우를
받았다면
실명으로 항의한다 "

불합리한 대우를 받았다면 절대 그냥 넘어가서는 안 된다.
쓸데없이 착한 사람이 될 필요가 없다.

식당이나 호텔, 백화점, 택시 등에서 기분 나쁜 일을
당했을 때는 그 자리에서 고함을 치며 화를 내서는 안 된다.
주변 사람들에게 오해를 사서 오히려 손해 볼 수 있다.
피해자인 당신이 가해자로 바뀌는 것이다.
게다가 운 나쁘게도 일이 커져 경찰까지 오게 되면
상황이 역전될 수도 있다.
주변 사람들의 증언으로 원인을 제공한 상대방이
동정을 받을 수 있기 때문에 성질이 불같은 사람은
특히 주의해야 한다.

이런 경우에는 일단 실명으로 본사나 대표자에게

불만 사항을 신고하도록 한다.

홈페이지에 불만 사항을 접수하는 곳도 있고

본사 주소지나 대표자 이름이 기재된 곳도 많다.

익명이 아니라 실명으로 불만을 신고하면

상대방은 진지하게 대응할 수밖에 없다.

익명일 경우 대수롭지 않게 생각할 수 있으므로

당당하게 실명으로 항의하자.

이것만으로도 자기 전에 속 끓이지 않고 숙면을 취할 수 있다.

35

" 감사 편지는
그날 써서
그날 보낸다 "

누군가에게 신세를 지거나 선물을 받았다면

감사 편지나 메일을 보내는 것이 좋다.

어차피 감사 편지를 쓸 거라면

그날 바로 써서 보내는 습관을 들이자.

바로 써서 바로 보내는 습관을 들여놓으면

잊어버릴 가능성이 훨씬 적다.

선물을 받았다면 그 자리에서 메일을 보내거나

편지를 써서 부친다.

다음 날이 되면 잊어버릴 가능성이 높고

감사의 마음이 상대에게 전달되는 것도 며칠이나 늦게 된다.

예를 들어 자신이 부탁해서 만나게 된 상대에게

헤어진 직후 바로 메일이나 편지를 써서 보낸다면,

상대방의 기억에는 당신이 아직 선명하게 남아 있기 때문에

감사하는 마음이 충분히 전달될 것이다.

하지만 편지가 늦어지면 당신이라는 존재는

상대방의 기억에서 점점 사라져

망각의 저편으로 밀려난다.

기왕 감사의 마음을 전할 거라면 상대방의 기억에

남아 있을 때가 좋다.

감사의 편지를 백 번 정도 쓰다 보면,

당신의 인생에 틀림없이 어떤 변화가 일어날 것이다.

36

" 명함을 교환하면
그날 안에
행동을 취한다 "

대부분의 사람들은 명함을 교환하는 것으로 만족한다.

특히 유명인으로부터 받은 명함이라면 왠지 뿌듯한 마음에

오래도록 보관해둔다.

받은 명함이 많을수록 사회생활을 잘한 성공의 증거로 여긴다.

하지만 명함첩에 고이 모셔두는 것은 아무 의미가 없다.

명함에 메일 주소가 적혀 있다면

최소한 메일로 감사의 말을 전하는 것이 매너다.

자신이 의뢰해서 만나게 된 경우는

감사의 마음이 담긴 엽서를 보내면 좋을 것이다.

명함을 교환한 후 어떻게 행동하느냐로 인맥의 질이 달라진다.

인원수가 목적인 사람에게는 인원수가 목적인 사람들이

우글우글 모여든다.

상대방에게 제대로 경의를 표하는 사람은

수는 적어도 확실한 사람들과 인맥을 형성한다.

이것이 인맥의 본질이다.

모처럼 명함을 교환했는데 어떤 행동도 취하지 않고

그냥 보관만 해두는 것은 아까운 일이다.

상대방과는 그것으로 끝이기 때문이다.

하지만 명함을 받고 그날 안에 행동을 취해두면

관계가 최소한 '제로'는 되지 않는다.

이러한 행동이 자연스러우면 대부분은 성공한 사람이다.

37

"상담이 끝나면
그날 안에
확인 메일을 보낸다"

시간을 들여 약속을 잡고 상담을 하고 나면

그것으로 끝인 사람이 많다.

약속을 잡고 상담하는 것 자체가 목적이 되어

정작 중요한 주문이나 서비스가 이루어지지 않는다면

경비만 쓸데없이 낭비하는 것이다.

우스갯소리가 아니라 이런 사람이 의외로 상당히 많다.

"이렇게 노력을 하는데도 성과가 안 나오니 어쩔 수 없다."

이런 식으로 오히려 당당하게 나오는 사람은

제대로 된 일 한 번 못 맡아보고 직장 생활을 끝낼 가능성이 높다.

만 명의 직장인들과 이야기를 나눠본 결과

노력을 보상받지 못하는 사람은 첫발부터 잘못 내딛은

경우가 많다는 사실을 발견했다.

상담이 끝난 뒤에는 그날 안으로
상담을 어떻게 진행할지 확인하는 메일을 보내야 한다.

물론 상대방의 시간을 빼앗을 정도로 장문인 메일은 실례다.
본문은 몇 줄로 간단히 끝내고
A4 한 장 이내의 자료를 첨부한다.
이것만으로도 상담 성공률이 월등히 높아진다.
시험 삼아 한번 해보면 바로 알게 될 것이다.

상담 다음 날 두꺼운 자료를 준비해서 보내봤자
시간 도둑이 될 뿐이다.

38

"오늘은
어떻습니까?"라고
물어본다

잘나가는 사람과 약속을 잡을 때

대부분은 아예 염두에 두지 않는 날이 있다.

바로 '오늘'이다.

"갑자기 오늘 당장이라니, 실례가 아닐까요?"

늘 눈치만 보고 사는 것에 익숙해진 사람이라면

이렇게 반문할지도 모른다.

하지만 그런 생각이야말로 쓸데없다.

성공한 사람은 평범한 직장인과 달리

누구에게도 억지로 얽매이지 않는다.

따라서 자신의 시간을 언제든지 자유롭게 조절할 수 있다.

평범한 직장인은 '옳은지 그른지'가 기준이지만,

성공한 사람은 항상 '자신이 좋아하는지 싫어하는지'가

기준이 된다.

그날의 기분에 맞게 인생을 보낼 수 있느냐가
성공한 사람임을 증명하는 표식인 셈이다.

그렇다고 오늘 꼭 만날 수 있는 것도 아니다.
상대방이 오늘 당장 볼 수 있다고 해도
만날 준비가 되어 있어야 한다.
"오늘은 좀⋯⋯" 하고 머뭇거리다가는
인생이 조금도 바뀌지 않는다.

아쉬운 쪽의 사정은 중요하지 않은 것이다.

39

"
고객의 불만 사항을
접수받으면
즉시 대응한다
"

고객에게 불만 사항을 접수받고서도

다음 날 이후로 처리를 미루는 사람이 있다.

"쉬는 날이라 답신이 늦었습니다."

"출장에서 오늘 돌아왔습니다."

전화나 메일로 이런 변명을 하는 담당자가 있는데,

오히려 불난 데 기름을 붓는 격이다.

고객이 불같이 화를 내는 경우는 그나마 낫다.

아직 당신에 대한 기대가 남아 있다는 증거이기 때문이다.

하지만 상대방이 꽤 발이 넓고 영향력 있는 사람이라면

이 일은 당신이 생각하는 것보다 훨씬 더 심각한 결과를 낳는다.

그 사람이 주변의 인맥에 영향을 미쳐

고객이 전부 끊길 것이기 때문이다.

불만 사항을 접수받았다면 설령 담당자가 없더라도

즉시 대응해야 한다.

일단 불만을 처리한 뒤 담당자가 부재중이라는 사실을

알리면 된다.

물론 자신이 담당자가 아니라고 해서

모른 척하거나 발뺌해서는 안 된다.

담당자라는 의식을 갖고 성의 있게 대응해야 한다.

조직은 이런 일을 위해 존재한다.

40

" 과제는
마감 전날
제출한다 "

과제를 언제 제출하느냐로 그 사람의 장래를 짐작할 수 있다.

마감 시간에 임박해서야 제출하는 사람은

대부분의 사람들이 걸어가는 그저 그런 인생을 걷게 된다.

마감 직전에는 혼잡하게 마련이다.

경쟁자들이 몰려 경쟁률도 높다.

출근 시간 5분 전에

엘리베이터 앞에 몰려 있는 사람들을 떠올려보면

쉽게 이해될 것이다.

이런 사람들은 어떻게 생각해도 장래에 큰일을 해낼

재목으로는 보이지 않는다.

앞으로도 저렇게 몰려다니며 다른 사람에게 혹사당하다가

인생을 마감할 것이다.

모든 제출물도 이와 마찬가지다.

기한이 '내일까지'라면 오늘 안에 제출하도록 한다.

기한이 '이번 주 금요일까지'라면 목요일까지는

제출하는 것이 좋다.

메일을 보내는 경우라면 최소한 하루 전에 처리하도록 한다.

이 정도의 습관만 들여도

당신은 경쟁력을 확보할 것이다.

혼잡한 무리 속이 아니라 우아한 시공간에서

인생을 보낼 수 있다.

하루가 있다면
바라만 보고 싶다

Part 5

당신에게는
망설이고 있을 시간이
한 달도 없다

41

" 스케줄이
꼭 차 있다는 것은
부끄러운 일이다 "

일정이 빽빽하게 적힌 수첩을 보란 듯이 보여주며
"이번 달은 이미 스케줄이 꽉 차서……"
라고 자랑스럽게 말하는 사람이 있다.

안쓰럽다는 생각이 절로 든다.
"스케줄이 저렇게 빠듯해서야, 어떻게 사나…….'"
마음껏 자유를 누리고 사는 성공한 사람들은
동정 어린 눈길로 바라볼 것이다.

스케줄이 빽빽하다는 것은 가난의 표시다.
빈털터리인 거지가 차라리 속 편할 것이다.
시간이 늘 부족한 사람은 무언가 잘못된 것이다.
이번 달 스케줄이 이미 꽉 차 있다는 것은
자신의 수명을 다른 사람을 위해 쓰고 있다는 말이다.

부자가 되고 싶다면 먼저 빈틈없는 스케줄에서 탈출해야 한다.

빡빡한 일정에서 벗어나면 느긋하게 생각할 시간이 생긴다.

느긋하게 생각할 시간이 없으면 부자가 될 수 없다.

주변에 성공 가도를 달리는 사람이 있다면

수첩을 한번 보여달라고 부탁해보자.

틀림없이 스케줄에 여유가 있을 것이다.

스케줄에 여유가 있기 때문에 계속 성공할 수 있는 것이다.

성공한 사람의 최고의 스케줄은 텅 비어 있는 것이다.

당신이 성공 가도를 달리고 있다면,

당신의 입에서는 "언제든지 좋다"라는 말이 나올 것이다.

42

" '다음 달부터 열심히'는
지옥 같은
인생의 시작 "

목표치를 달성하지 못하는 직장인의 입버릇 가운데 하나가
"다음 달이야말로!"라는 것이다.
"다음 달부터 열심히 하겠다."
이런 말을 40년 동안 계속하는 직장인도 적지 않다.

이번 달에 열심히 하지 못하는 사람이
다음 달부터 열심히 할 리가 없다.
"다음 달이야말로 열심히 하겠다"고 말하는 사람의
진짜 속내는 이번 달은 좀 쉴 테니 봐달라는 것이다.
봐달라는 것은 월급만은 제대로 받겠다는 의미임이 분명하다.

설령 오늘이 월말이라도 이번 달부터 열심히 하겠다고
생각해야 한다.
이번 달에 열심히 하지 않으면

열심히 할 수 있는 다음 달은 영원히 오지 않는다.

알다시피 다음 달에 성과가 나오는 것은

이번 달까지 축적된 결과다.

극단적으로 말하자면 뛰어난 성과를 계속 거두는 사람은

태어나서부터 지금까지 쌓아온 결과가

넘쳐흐르고 있는 것뿐이다.

정말로 열심히 하는 사람은

"열심히 하겠다"라고 말하지 않는다.

정말로 열심히 하는 사람은 내일, 다음 달, 내년이라는 말을

쓰지 않는다.

내일, 다음 달, 내년이라는 말은

지옥 같은 인생의 시작을 알리는 신호다.

43

" 다음 달 목표치는
이번 달에 달성한다 "

우수한 인재는 다음 달의 목표치를

이번 달에 이미 달성해놓는다.

더 우수한 인재는 내년의 목표치를 올해 말까지 달성한다.

어떤 업종이든 우수한 인재는 공통적으로

이러한 생각으로 일을 한다.

일을 앞당겨 진행하는 것이

목표를 계속 달성하는 비결이다.

다음 달의 목표 달성이란 이번 달까지 일한 결과를

확인하는 것일 뿐이다.

당신의 직장에도 매달, 매년 담담하게 일하면서

우아하게 목표를 계속 달성해나가는 인재가 있을 것이다.

어떤 조직에나 이런 인재가 꼭 있다.

그렇지 않으면 회사는 제대로 돌아갈 수 없다.

우수한 인재를 그저 멍하니 바라볼 것이 아니라

그의 행동 이면에 숨은 본질을 파악하려는 노력을 해야 한다.

그들은 일뿐만이 아니라 인생의 모든 것을 앞당겨

추진하는 능력이 있다.

그들이 지금 하고 있는 것은 전부 앞으로 닥쳐올 일들이다.

당신도 이러한 리듬을 만들고 싶다면

지금 하고 있는 일을 앞당기는 것부터 시작하라.

44

" 한 달
걸릴 것 같은 일도
일주일이면
끝난다 "

보험회사에서 경영 컨설팅 회사로 전직하고 나서
가장 놀란 것은 속도감의 차이였다.

보험회사에서는 "이번 주 안에 처리해달라"고 할 법한 일이
컨설팅 회사에서는 "오늘 안에 처리해달라"고 했다.
보험회사에서는 "이번 달 안에 처리해달라"고 할 법한 일이
컨설팅 회사에서는 "이번 주 안에 처리해달라"고 했다.
마치 시골 국도를 느긋하게 달리다가
갑자기 고속도로로 뛰어든 것만 같았다.

보험회사가 느렸던 것이 아니라
컨설팅 회사가 지나치게 빨랐을 뿐이다.
직원들은 하나같이 속사포처럼 말을 쏟아냈고
나는 늘 기가 죽어 있었다.

테이프를 빨리 돌려놓고 듣기 연습을 하는 것만 같았다.

여기서 내가 배운 것은

열의를 갖고 한다면 한 달씩이나 걸릴 일은 없다는 것이었다.

물론 석 달이나 반년 정도의 기간이 주어지는

중장기 프로젝트도 있었지만

이 경우는 일주일 단위로 스케줄을 짜서 전체를 소화했다.

한 달 걸릴 것이라고 생각한 일도

사실 일주일이면 끝난다.

45

"
새로운 일은
2주 안에
전체적인 틀을 파악한다
"

전혀 익숙하지 않은 새로운 일에 도전할 때는
2주 안에 전체적인 틀을 파악하는 훈련을 하는 것이 좋다.
2주일 이상 걸리면 긴장감이 풀어져 해이해지므로
오히려 역효과가 난다.

예를 들어 컨설팅 회사는
아주 생소한 업계로부터 일을 의뢰받기도 한다.
고객인 경영자는 컨설팅 회사에 전문지식을
요구하는 것이 아니다.
경영자들이 원하는 것은 문제를 해결하고
새로운 전략을 모색하는 것이다.
업계에서 오랜 세월 끊임없이 도전해왔지만
이번에는 아무래도 벽에 부딪힌 것 같아
어떻게든 위기를 돌파하겠다는 절박한 심정으로

컨설팅 회사를 찾는 것이다.

이때 업계의 핵심을 파악하는 데 주어진 기한은

길어도 2주일이다.

처음 일주일은 그 업계에 대해 잘 아는 사내 동료에게 설명을

듣고 2년치 업계 잡지를 통독하면서 오로지 인풋만 한다.

다음 일주일은 프로젝트 팀원끼리 서로 가르쳐주는

아웃풋을 한다.

이렇게 하면 그 방면에서 수십 년 동안 일해온 고객과

이야기를 나누는 데 전혀 문제가 없다.

46

"
입사 한 달 안에
성과를 올리면
이후가 편하다
"

새로운 조직에 조금이라도 빨리 융화되고 싶다면

한 달 내에 성과를 올리도록 한다.

별로 중요하지 않은 일이라도 상관없다.

신입 사원뿐만 아니라 경력직으로 입사한 경우도 마찬가지다.

중요한 분야에서 처음부터 실적을 크게 올리는 것은

어려운 일이다.

주변에서도 그런 기대는 하지 않는다.

그보다는 복사를 신속하게 하거나

회의 기록을 꼼꼼하게 작성하도록 노력한다.

전화나 메일에 즉각적으로 대응하는 것도 좋다.

누구나 신입 사원한테는 은근히 관심을 가진다.

작은 노력이라도 지켜보는 사람이 있다.

따라서 대수롭지 않은 일에 기울이는 노력을

우습게 봐서는 안 된다.

작은 노력을 인정받느냐 못 받느냐가

이후의 일에도 크게 영향을 미친다.

작은 노력을 인정받는다면 기회가 주어진다.

기회만 주어지면

그냥 내버려둬도 확률적으로 큰 성과를 올릴 수 있다.

남들이 우습게 여기는 사소한 일이야말로

큰 성과를 올릴 만한 가치가 있다.

47

" 한 달 만에 그만둔
신입 사원은
성공하는 경우가 많다 "

"힘들게 입사했으니 적어도 3년은 버텨야 합니다."

모범 답안처럼 따분하기 그지없는 인생을 보내고 싶다면

이러한 조언을 따르는 것도 나쁘지 않다.

1년보다는 2년, 2년보다는 3년이 얻을 것도 많을 것이다.

하지만 이는 그 회사에 다니는 경우에만 해당하는 이야기다.

1년을 다니고 그만두건 3년을 다니고 그만두건,

어딘가에서 무엇을 하며 살아가는 한

반드시 얻는 것이 있게 마련이다.

"3년도 못 버티는 사람은 뭘 해도 안 된다"는 말도 있지만,

이 역시 근거 없는 이야기다.

지금까지 만난 직장인들을 떠올려보면

한 가지 주목할 점이 있다.

입사 한 달 만에 그만둔 신입 사원은

의외로 성공하는 경우가 많다는 사실이다.

전직이나 독립을 권하는 것이 아니다.

궤도수정을 할 생각이라면 빠를수록 좋다는 뜻이다.

그 마음이 간절할수록 모범 답안이나 상식은

더 빨리 벗어버릴 수 있다.

48

" 회사를 옮길 경우
입사 때까지
공백기를 두지 않는다 "

옮길 회사가 정해진 후 새로운 직장에 출근할 때까지

몇 달씩 쉬는 사람이 있다.

이런 사람들은 새로운 직장에서 잘되기 어렵다.

공백기를 두지 않고 바로 일을 시작하는 것이 좋다.

전직 희망자를 면접하는 자리에

참관자로 종종 참석하는데

"입사하기 전에 느긋하게 좀 쉴 생각입니다.

석 달 후에 출근하고 싶습니다"

라고 태연하게 말하는 사람은 십중팔구 탈락했다.

자신은 일을 좋아하지 않는다고 대놓고

선언하는 셈이기 때문이다.

입사하고 나서도 일에서 성과를 거두기보다

휴가를 확보하는 데 더 열심일 것처럼 보인다.

조직에서 일을 진행할 때 그런 사람은

팀워크를 깨뜨리고 오히려 방해만 될 뿐이다.

직장을 그만둔 사람도 마찬가지다.

실업급여를 최대한 받고

거기다 기한까지 연장해서 세금을 있는 대로 다 챙기는

사람치고 잘되는 경우를 적어도 내 주변에서는 본 적이 없다.

냉엄하지만 이것이 현실이다.

회사를 옮길 때 그 회사에 대한 열의는

얼마나 빨리 출근하느냐로 드러난다.

하루라도 빨리 일을 시작하고 싶다는 마음이

인생을 한 단계 끌어올려주는 것이다.

49

"깔끔하게 다음 달부터"가
입버릇인 사장은
회사를 말아먹는다

경영 컨설팅 회사에서 근무하던 시절의 일이다.

자신이 담당하는 회사의 영업 실적을 잘 끌어올리는

컨설턴트와 그렇지 않은 컨설턴트가 있었다.

이들의 차이가 무엇인지 주의 깊게 관찰해본 결과

한 가지 사실을 알게 되었다.

실적을 잘 끌어올리는 컨설턴트는

애당초 실적이 오를 만한 회사를 컨설팅했다.

이에 반해 실적을 잘 끌어올리지 못하는 컨설턴트는

실적이 오를 것 같지 않은 회사만 맡았다.

즉 실적이란 컨설턴트가 올리는 것이 아니라

이미 컨설팅을 하기 전부터 정해져 있다는 말이다.

특히 계약을 할 때

"그럼 깔끔하게 다음 달부터"가 입버릇인 사장과는

계약을 하지 않는 것이

컨설팅 성공률을 높이는 비결이었다.

일단락 짓기 좋게 1일이나 월요일부터 깔끔하게

시작한다는 사람은 의욕이 없는 사람이다.

"다음 달부터"가 입버릇인 사장이 경영하는 회사는

입버릇처럼 다른 일들도 뒤로 미루기 때문에

경영도 삐거덕거린다.

당연히 컨설팅도 순조롭게 진척될 리가 없다.

당신도 자신의 인생을 뒤로 미루기만 하면서

경영하는 것은 아닌지 생각해보자.

50

" 지급일을
앞당기면
사람과 돈이 몰린다 "

회사를 도산시킨 사장들의 공통점이 있다.

바로 지급을 늦추는 것이다.

자금 사정이 어려워져 지급이 늦어지는 것이 아니다.

사정이 좋을 때도 항상 늦게 지급하는 습관이 있었다.

"지급은 늦게, 회수는 빨리"를 신조로

직원들을 독려하는 사장도 있었다.

물론 그 회사는 비참한 결말을 맞았다.

현재 내가 거래하는 회사들도 지급일에 큰 차이가 있다.

지급이 늦는 회사일수록 경영이 어렵다.

지급일을 늦추면 지급을 항상 늦게 하는,

즉 경영이 어려운 거래처가 모이게 된다.

지급일을 앞당기면 지급을 빨리 하는,

즉 경영이 아주 잘되는 회사가 모여든다.

같은 금액이라도 오늘과 내일의 가치는 전혀 다르다.

협력업체와 신뢰를 쌓으려면

첫째 지급일을 앞당겨야 한다는 것을 잊지 말아야 한다.

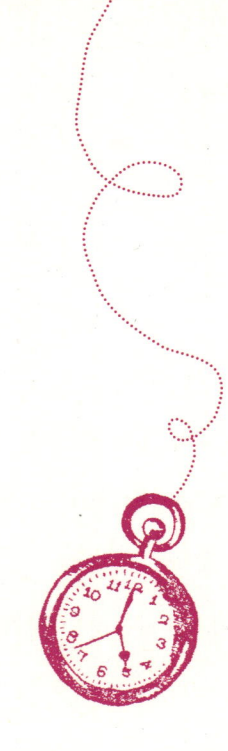

한 달이 있다면
처음 만난 그곳에서
시간을
보내고 싶다

Part 6

당신에게는
망설이고 있을 시간이
1년도 없다

51

"
내년이 아니라
올해를
소중히 여긴다
"

가을이 끝나갈 무렵이면 벌써 '내년'에 대해
이야기하기 시작한다.
연하장이 판매되기 시작할 즈음에는 더욱 그렇다.

하지만 올해라는 시간이 아직 남아 있는 동안에
내년 이야기를 하면 시간을 자기편으로 만들 수 없다.

아무리 연말이 됐더라도 아직 올해가 다 간 것은 아니므로
이 시간을 소중하게 보내야 한다.
지금 할 수 있는 일에서 도피하기 위해
내년을 이용하고 있지는 않은지 다시 한 번 생각해보자.
지금 할 수 있는 일을 외면하면
내년에도 똑같은 말을 반복하게 된다.
내년에도 똑같이 반복하는 사람은 내후년에도 마찬가지다.

그리고 죽을 때까지 그것을 반복하는 인생을 살게 된다.
80세가 돼서도 90세가 돼서도 내년 이야기를 하다가
인생이 끝나는 것이다.

지금을 살아가는 사람은 언제나 반짝반짝 빛난다.
지금 해야 할 일을 하고 있는 사람은
내년이 되면 그다음 일에 도전한다.
내년이 되어 그다음 일에 도전하는 사람은
내후년에는 그다음 다음 일에 도전한다.
80세가 돼서도 90세가 돼서도 도전을 멈추지 않는다.

빛나는 인생을 살고 싶다면 내년으로 도피하지 말고
현재에 충실하자.

52

" 결혼을
자꾸 미루면
관계를 끝낸다 "

결혼 적령기인 어느 커플의 대화다.

"언제 결혼할 거야?"
"내년에는 꼭 결혼하자."
"정말이지?"

이런 대화가 오간 게 한두 번이 아니라면
내년에 이 커플이 결혼할 가능성은 매우 낮다.
당신이 여자라면
"내년에는 꼭 결혼하자"고 약속하고
지키지 않은 남자와는 헤어지는 편이 낫다.

남자 입장에서는 등을 떠밀려 한 말이기 때문에
내년에도 결혼이 이루어질 가능성은 낮다.

그때도 똑같은 말을 반복할 것이다.

여자의 마음은 초조해질 것이고

그럴수록 남자는 멀어져간다.

이런 상황은 정신 건강에도 미용에도 좋지 않다.

당신의 수명을 조금씩 깎아먹는 상대와는

즉시 이별하는 것이 좋다.

오래 끌면 끌수록 더 깊은 수렁에 빠질 뿐이다.

자신에게 헤어질 용기가 없는 것을 상대방 탓으로

돌리는 것은 추한 일이다.

자신의 인생은 어디까지나 스스로 개척하고 만들어나가야 한다.

헤어지는 것도, 관계를 질질 끄는 것도 전부 자신의 책임이다.

53

"
쓸데없는
노력이라 생각하면
올해로 끝낸다
"

지금 이 책을 손에 들고 이 페이지를 읽고 있는 당신은

틀림없이 노력가다.

강한 의지를 갖고 맹렬하게 노력하는 사람이 아니라면

애당초 책도 읽지 않을 것이다.

노력하지 않는 사람은 서점에 가지도 않는다.

물론 책에 손을 대는 일도 없다.

하지만 이렇게 노력하는 사람이기 때문에

실수도 저지르게 된다.

쓸데없는 노력이라고 어렴풋이 느끼면서도

계속 매달리고 있는 일은 없는지 곰곰이 생각해보자.

"그냥 하고는 있지만 이 일은 별로 보람이 없을 것 같아."

"참고 공부하고 있지만 올해도 합격하지 못할 것 같아."

당신의 직감이 맞다.

안 될 것이라고 어렴풋이 느끼고 있다면
올해 모든 것을 걸어보고
그래도 결과가 안 나온다면 깨끗이 포기하자.

하는 데까지 해보고 포기한 사람이라면
누구나 아는 사실이 하나 있다.

집착을 버리는 순간 인생은 단숨에 호전되기 시작한다.

54

66

1년 동안 노력해도
행복을 느끼지 못한다면
그 일에
재능이 없는 것이다

99

"무슨 일이 있어도 작가가 될 테야."

"어떤 수단을 써서라도 가수가 되고 싶어."

"야구선수만 될 수 있다면 죽을 각오로 노력하겠어."

어떤 분야의 전문가를 목표로 하는 사람이라면

누구나 이 정도는 생각하고 있다.

반드시 프로가 되겠다는 각오를 하고 있는 것이다.

프로가 되기 위한 노력 중에 아직 시도해보지 않은 것이 있다면

애당초 그 사람은 진심이 아니라는 말이다.

죽을 각오로 노력하지 않는 사람은

출발선에도 서지 못한 상태다.

설령 프로가 되어 간신히 출발선에 섰다고 해도

그것으로 먹고살기란 쉬운 일이 아니다.

모든 프로의 세계에는 소나무, 대나무, 매화나무가 존재한다.

소나무는 돈을 많이 버는 경제력 있는 프로를 가리킨다.

대나무는 간신히 먹고살 정도의 프로다.

매화나무는 밥벌이도 안 되는 이름뿐인 프로다.

물론 어떤 분야든지 먹고살기 힘든

매화나무 수준의 프로가 압도적으로 많다.

프로로 살아가려면 최소한 대나무 수준은 돼야 한다.

1년 동안 열심히 노력해도 결실이 없고

주변에서도 그만두는 것이 좋겠다고 설득한다면

당신에게는 재능이 없다고 생각해야 한다.

55

" 1년 동안
한 번도 입지 않은 옷은
처분한다 "

가벼운 마음으로 즐겁게 인생을 보내는 한 가지 비결이 있다.

1년 동안 한 번도 입지 않은 옷을 몽땅 처분하는 것이다.

1년 동안 한 번도 입지 않았다는 것은

그 옷을 그다지 좋아하지 않는다는 뜻이다.

좋아하지도 않는 옷과 1년을 함께 보내는 것은

수명을 낭비하는 일이다.

사람은 입으로는 거짓말을 해도

행동으로는 거짓말을 하지 못한다.

사실은 잘못 산 옷인데 그것을 인정하고 싶지 않고,

돈이 아까워 버리지 못하고 있을 뿐이다.

버리는 행위가 꼭 돈을 낭비하는 것은 아니다.

입지 않는 옷을 버리는 대신

당신은 패션 감각을 되찾는 것이기 때문이다.

더 이상 그런 옷을 사지 않게 된 것만으로도 크나큰 성장이다.

처분하고 남은 것은 전부 자신이 좋아하는 옷이다.

매일 좋아하는 옷만 입기 때문에

하루하루가 즐거울 수밖에 없다.

덕분에 옷장에도 여유 공간이 생겨

자신이 좋아하는 옷을 다 걸어놓을 수 있다.

평소에 입는 옷이 전부 마음에 든다면

인생도 활기차고 즐겁다.

56

> 1년을 살아도
> 자신과 맞지 않는 곳은
> 미련 없이 떠난다

나는 점이나 풍수에는 전혀 관심이 없다.

하지만 사는 장소가 그 사람의 인생에 영향을 미친다는 것은

사실이라고 생각한다.

내 경험으로도 그렇고,

지인들도 하나같이 사는 곳이 중요하다고 강조한다.

사업을 성공시키고 싶다면 가장 먼저 생각할 것이

입지 조건이다.

자신이 움직이는지 상대방이 찾아오는지에 따라

당신의 시간이 몇 배나 차이 나기 때문이다.

브랜드 이미지 역시 입지 조건의 영향을 받는다.

주변 환경이 세련된 곳인지 어떤지에 따라

브랜드 이미지가 만들어진다.

그리고 무엇보다도 그 장소가 자신에게 맞아야 한다.

땅은 싸다고 이득인 것도 아니고

비싸다고 손해 보는 것도 아니다.

땅 값은 나름대로 이유가 있다.

살다 보면 비싼 땅이 그 이상의 가치를 해낸다는 것을

깨달을 때가 있다.

높은 땅 값은 기회에 대해 지불하는 돈이다.

1년 살아봐도 자신과 맞지 않는다면,

그곳에 사는 것은 시간 낭비다.

계약이 끝날 때까지 눌러앉아 살아봤자 득 될 것이 하나도 없다.

57

" 퇴직금보다
시간을
더 소중히 한다 "

퇴직금을 기대하며 1년을 더 버티는 사람이 있다.

대다수가 걸어가는 평범한 인생이 목표라면

그것도 나쁘지 않다.

부디 1년을 잘 버텨 퇴직금을 거머쥐기를 바란다.

하지만 당신이 진심으로 성공하고 싶다면

퇴직금보다 1년이라는 시간을 선택해야 한다.

1년이라는 시간이 있으면 독립해서 여러 가지 일을 할 수 있다.

직장인의 1년과 독립한 뒤의 1년은

그 의미가 근본적으로 다르다.

자신의 꿈에서 주인공으로 살아가는 1년과

다른 사람의 꿈에서 노예로 살아가는 1년이 같을 리가 없다.

내가 직장을 그만두고 독립한 후 느낀 것도
시간의 의미가 달라졌다는 점이다.
아무 생각 없이 회사를 오가며 1년을 보내다니
생각만 해도 아까워서 견딜 수가 없다.

독립하고 나서 정상 궤도에 오르기까지의
시간은 짧을수록 좋다.
1년 빨리 궤도에 오르면 최상의 인생을 누릴 수 있다.
궤도에 오르면 좋아하는 일을 더 많이 할 수 있다.

1년 버텨 손에 쥔 퇴직금은 당신이 성공할 때
받게 되는 월급에도 못 미친다.

58

> " 승진 약속을
> 지키지 않는 회사는
> 당장 그만둔다 "

직장인은 출세하는 편이 출세하지 않는 것보다 즐겁다.

이것이 직장인의 생리다.

출세를 하면 할수록 고통이 따른다면

어느 직장인이 열심히 일하겠는가.

겉으로는 안 그런 척해도 새로운 조직도가 발표된 순간,

자신의 이름부터 찾는 것이 직장인의 본심이다.

승진을 넌지시 약속해놓고도 지키지 않았다면

상대방은 당신과의 구두약속을 깬 것이 된다.

구두약속을 지키지 않는 사람이나 회사는

어떤 약속도 결코 지키지 않는다는 점을 명심해야 한다.

20대 때 이를 깨달았다면 그나마 다행이지만,

30대나 40대가 돼서 깨닫는 경우는 상당한 충격을 받는다.

기대했던 만큼 낙담도 이만저만이 아니다.

하지만 조직이란 원래 그런 것이고,

약속은 깨기 위해 존재한다는 말도 있다.

게다가 약속을 깨도 '울며 겨자 먹기로 넘어가는 사람'이라는

낙인이 찍히면,

당신은 끝까지 이용만 당하게 될 것이다.

승진이라는 직장인의 꿈이 깨졌다면

지체 없이 그곳을 빠져나오는 것이 좋다.

59

"회사가 곤란해지니
올해는 그만둘 수 없다"는 것은
거짓말

전직이나 독립을 망설이는 사람들의 입버릇 가운데

이런 것이 있다.

"지금 그만두면 남아 있는 직원들이 힘들 테니까……."

솔직하게 말하자.

설사 사장이 지금 당장 그만둔다 해도 전혀 문제없다.

이 때문에 회사에는 중역, 즉 이사가 여러 명 있는 것이다.

이사란 '언제든지 사장을 대신할 수 있다'는 의미다.

어쩌다가 그 대표권을 가진 사람이

대표이사가 된 것일 뿐이다.

사장이 그만두었다고 그 회사가 무너진다면,

애당초 그 회사는 제대로 경영되지 않았다는 말이다.

심지어 제일 큰 기업 중 하나가 도산을 해도

그 나라의 경제는 아무 일도 없던 것처럼 잘 굴러간다.

굳이 말하자면 경쟁 회사만 내심 쾌재를 부를 뿐이다.

그러니
당신이 그만둔다고 해서 회사가 흔들리는 것도 아니고,
곤란을 겪는 사람도 없다.

그만두기 한두 달 전에 사표를 내는 것으로 충분하다.
그다음은 전부 상사의 책임이다.

상사가 당신보다 월급을 더 많이 받는 것은 이 때문이다.

60

"
나이를 먹을수록
한 해가
더 빨리 지나간다
"

현재 당신의 나이가 30세라고 생각해보자.

태어나서 15세까지와 15세부터 30세까지는

같은 15년이라도 그 길이가 전혀 다르게 느껴진다.

말하자면 아인슈타인의 상대성 이론 같은 것이다.

물론 15세부터 30세까지의 15년이 더 짧게 느껴지고,

중학교 졸업식도 바로 엊그제 일처럼 생생한 사람도

있을 것이다.

이러한 현상은 30세가 넘어가면 더욱 두드러진다.

30세부터 1년이라는 시간은 정신없이 빨라진다.

그야말로 눈 깜짝할 사이에 30대가 끝나버린다.

성공한 50대나 60대가 입을 모아 충고하는 말이 있다.

30대와 40대에는 시간이 쏜살같이 지나가는데,

이때 무엇을 성취하고 이루는지가 중요하다는 것이다.

물론 1년이란 매우 짧은 시간이지만,

1년 동안에도 많은 경험을 할 수 있다.

올 한 해를 열심히 살면 다음 한 해는 더욱 충실한 해가

될 것이다.

나이를 먹을 때마다 한 해는 더욱 빠르게 지나간다.

매년 빨라지게 될 1년을 더욱 알차고 소중하게 보내자.

1년이 있다면
아이들을 안아주고 싶다

Part 7

당신의 인생에는
망설이고 있을 시간이
더 이상
남아 있지 않다

61

" 준비만
하고 있다가는
실전 없이
인생이 끝난다 "

작가가 되고 싶어 몇 년 동안 작가 양성학원에 다니는
사람이 있다.
이 사람은 주변의 도움으로 몇 권의 책은 낼 수 있을지
모르지만 프로 작가가 되는 것은 영원히 불가능할 것이다.
이는 작가의 경우에만 해당하는 이야기가 아니다.
프로는 지속적으로 성과를 올리는 사람이다.

준비만 하고 있으면 준비 자체가 쾌감이 되어
그 상태를 계속 유지하고 싶어진다.
그러다가 본격적으로 시작도 못해보고
결국 인생이 끝나버리는 것이다.

작가들의 책이나 기사를 꼼꼼히 읽다 보면
한 가지 사실을 깨닫게 된다.

작가가 되기 전까지는 맹렬한 독서로 인풋만 하다가
어느 순간부터 갑자기 아웃풋으로 방향을 전환한다.
즉 독서 속도를 떨어뜨리는 순간 작가가 되는 것이다.
생각해보면 나 역시 그랬다.
맹렬하게 인풋을 하던 시기는 책을 한 권도 내지 못했지만,
독서 속도를 떨어뜨리자마자 처녀작이 세상에 나왔다.
처녀작을 낸 후에는 5년도 안 돼 50권이 넘는 책을 써냈다.

내가 말하고 싶은 것은
프로가 되기 위한 준비를 하지 말라는 것이 아니다.
실전과 준비를 일체화시켜 실전이 준비이며,
준비가 실전인 상태가 되도록 하자는 것이다.

62

"
문득
가족의 얼굴이 떠오르면
바로 만나러 간다
"

문득 할아버지, 할머니의 얼굴이 떠오르거나,

동료와 잡담을 나누다가 부모님 이야기가 나오자 갑자기

마음이 불안해진 경험이 한두 번쯤 있을 것이다.

이것은 당장 그 사람을 만나러 가라는 신호다.

물론 여기서 영감이나 초능력에 대해 논하자는 것은 아니다.

하지만 어떤 사람의 얼굴이 불현듯 떠오르거나 그 사람이

마음에 걸리는 것은 자신도 모르게 무언가를 느꼈기 때문이다.

나는 가족이나 친척, 친구가 갑자기 생각나면

바로 만나러 간다.

직감대로 만나러 간 직후에 세상을 떠난 사람도 있고,

오히려 내가 인생의 큰 도움을 받은 적도 있다.

곤드레만드레 취한 상사가 불쑥 이렇게 말했다.

"자넨 할아버지와 닮았어."

물론 그 상사는 나의 할아버지와 일면식도 없을뿐더러

이름조차 알지 못하지만,

이상하게 신경이 쓰여 주말에

할아버지를 뵈러 고향에 내려갔다.

오랜만에 손자를 만난 할아버지는 무척 즐거워하셨고,

나 역시 할아버지의 소싯적 이야기를 들으며 유전자의 힘을

새삼스럽게 확인할 수 있었다.

그리고 그다음 해 할아버지는 돌아가셨다.

63

" 감사 인사는
뒤늦게라도
하는 것이 좋다 "

"인사하는 걸 깜박했는데 이제 와서 하기도 좀 그렇군."

살다 보면 감사 인사를 할 기회를 놓쳐

이러지도 저러지도 못하는 경우가 있다.

하지만 앞으로 다가올 인생을 한층 더 업그레이드하고 싶다면

인사할 기회를 놓친 사람에게

지금이라도 전화나 엽서로 감사의 마음을 전하는 것이 좋다.

"10년 전에 인사를 드렸어야 하는데 정말 죄송합니다."

"30년 전에는 정말 감사했습니다."

어쭙잖은 변명이나 장황한 설명보다는

이렇게 단도직입적으로 마음을 표현하는 것이 좋다.

그리고 답장 같은 것은 절대 기대하지 않는다.

상대방이 전혀 기억하지 못할 수도 있고

이제 와서 왜 이런 걸 보냈을까 생각하는 사람도 있을 것이다.

뒤늦은 인사는 반드시 해야만 하는 의무는 아니다.

하고 싶은 사람만 하면 되는 권리 같은 것이므로

자신이 하고 싶은 대로 하면 된다.

하지만 미처 인사를 하지 못한 사람에게

뒤늦게라도 감사의 마음을 전하면

그 순간부터 당신의 인생은 완전히 달라진다.

감사 인사를 받은 사람이 무언가를 해주기 때문이 아니다.

'이제 와서'라는 겸연쩍은 장애물을 넘어서고 나면

앞으로의 인생 전체를 감사할 수 있게 되기 때문이다.

64

"사과하지 못했다면
지금이라도
하는 것이 좋다"

감사 인사뿐만이 아니라 사과도 때를 놓치면

좀처럼 하기가 힘들다.

우리 인생에는 이런 일이 종종 일어난다.

앞으로 다가올 당신의 인생을 한층 더 업그레이드하고 싶다면

미처 사과하지 못한 사람에게 지금이라도 사과하도록 한다.

"10년 전에는 정말 죄송했습니다."

"30년 전의 그 일에 대해 사과드립니다."

사과의 말도 감사의 인사처럼 단도직입적으로 표현하면 된다.

구구절절 그동안의 사정과 사과하지 못한 이유를

설명할 필요는 없다.

그리고 답장 역시 일절 기대하지 않는다.

정작 상대방은 기억하지 못하는 경우도 있고

이제 와서 무슨 사과냐고 생각하는 사람도 있을 것이다.

뒤늦은 사과는 반드시 해야 하는 의무는 아니므로

하고 싶은 사람만 하면 된다.

하지만 미처 사과를 하지 못한 사람에게

뒤늦게라도 사과하게 되면

그 순간부터 당신의 인생은 완전히 달라진다.

사과를 받은 사람이 무언가를 해주기 때문이 아니다.

'이제 와서'라는 겸연쩍은 장애물을 넘어서면

앞으로의 인생에서는 반성할 용기를 얻게 되기 때문이다.

65

" 생리적으로
맞지 않는 일은
즉시 그만둔다 "

지금까지 나는 싫은 일은 하지 않아도 된다고

누누이 강조해왔다.

우리 인생에는 싫은 일을 억지로 할 시간이 없기 때문이다.

싫은 일에는 여러 가지가 있겠지만

그중에서도 최악은 생리적으로 맞지 않는 일이다.

생리적으로 맞지 않는 것은

당신의 유전자가 그것을 거부하기 때문이다.

유전자는 당신의 재능이 최고로 발휘되기를 바라고 있다.

따라서 생리적으로 맞지 않는다는 것은

그 일에 엮이면 재능이 발휘되지 않거나

늦게야 겨우 발휘된다는 말이다.

생리적으로 맞지 않는 일을 하면 어떤 반응이 나타날까?

졸음이 쏟아지고,

식욕이 떨어지며,

기분이 가라앉고 우울해진다.

이런 식으로 당신의 몸이 필사적으로 그 일을 저지하려고 한다.

이럴 때는 자신을 믿고 그 일을 그만두어야 한다.

설령 그것이 자신의 직업이거나 소중한 사람이

권해준 것이라 해도 재능을 발휘하는 데 방해가 된다면

거절할 이유가 충분히 있다.

생리적으로 안 맞는 일을 할 시간은

우리 인생에 준비되어 있지 않다.

66

" 받아들일 자세가
안 된 상대에게는
가르쳐주지 않는다 "

앞에서도 이야기했듯이 나는 독립한 후
100명이 넘는 사람들로부터 인터뷰 요청을 받았다.
이들 중 일처리가 깔끔한 사람은
5분 앞당겨 인터뷰를 끝내고 바로 돌아갔다.
이런 사람은 기사도 내 맘에 쏙 들게 작성했다.

반면 일처리가 깔끔하지 못한 사람은
핵심에서 벗어난 질문을 하면서 시간만 질질 끈다.
기자나 편집자가 쓴 게 맞는지 의심이 들 정도로
기사도 형편없다.

양쪽의 차이는 준비의 차이에서 온다.
준비가 덜된 사람은 끈질기게 질문을 한다.
준비가 부족하기 때문에 이해가 잘 안 되고

그 결과 쓸데없는 질문은 반복하게 된다.

"음", "그래도", "이해가 잘 안 되는데요"

하면서 시간만 잡아먹는다.

같은 질문을 두 번 이상 반복하면

상대방은 슬슬 짜증이 나기 시작한다.

하지만 준비를 철저히 해온 사람은 질문을 할 때도

명쾌하게 한 번으로 끝낸다.

한 번 들어서 이해가 되지 않는 것은

백 번 들어도 이해가 되지 않는다.

이해란 상대방이 어떻게 해주는 것이 아니라

자신이 하는 것이기 때문이다.

당신이 무언가를 가르치는 입장이 되었다면

받아들일 자세가 안 된 상대에게는

전혀 가르쳐줄 필요가 없다.

당신이 배우는 입장이라면 뭐든지 받아들일 각오로
임하는 것이 좋다.

67

"
스승에 대한
존경심이 사라지면
즉시
이별을 고한다
"

인생에서 스승을 만나는 것은 매우 중요한 일이다.

어떤 스승이냐에 따라 당신의 인생이 크게 달라지기 때문이다.

나에게도 몇 명의 스승이 있었고, 현재도 있다.

하지만 내 쪽에서 "저의 스승이 되어주십시오"라고

부탁한 적은 없었다.

굳이 그런 말을 하지 않아도

그 사람을 평생 따라가겠노라 결심하면 되기 때문이다.

상대방을 직접 만나지 못해도 상관없다.

스승이 내보내는 정보를 접하고 받아들이면서

그에 대해 알아가면 된다.

책, DVD, CD, 강연회, 기사, 인터넷 블로그, SNS 등

정보는 얼마든지 구할 수 있다.

스승의 뒤를 철저히 따라가다 보면 만날 수 있는 기회도

자연히 찾아온다.

그리고 무엇보다 중요한 것이 한 가지 있다.

스승에 대한 존경심이 사라지면 즉시 이별을 고해야 한다.

존경할 마음이 없는 스승에게 연연하는 것은

막대한 기회 손실이다.

물론 스승의 가르침이 새롭게 다가온다면 다시 돌아와도 된다.

나 역시 그런 과정을 거쳐왔고, 지금도 그렇게 하고 있다.

68

"
단짝 3인조는

결국

거지 3인조가 된다

"

남녀 불문하고 사람들은 끼리끼리 뭉쳐 다니기를
좋아하는 것 같다.
어린 학생들이라면 그런 행동이 귀엽게 보일 수도 있지만,
나이가 들어서까지 그런다는 것은 왠지 꼴불견이다.
"저 사람들은 마음이 잘 맞는 친구나 연인이 없는 걸까?"
나도 모르게 이렇게 동정하게 된다.

절친한 친구나 사랑하는 연인이 있다면
우르르 몰려다니고 싶은 마음이 전혀 들지 않는다.
오히려 단독 행동을 하고 싶다.
단독 행동을 하면 무엇을 하더라도 경쟁자가 없기 때문에
어디서나 돋보인다.
따라서 여럿이 몰려 다니는 사람들의 눈에는
매력적으로 보이게 마련이다.

"저 사람은 늘 혼자 다니는데도 어째서 외로워 보이지 않을까?"
그 결과 그 사람 주변에는 사람과 돈이 모여들게 된다.

사람들과 어울려 다니지 않으면 불안한 것은
사실 고독하기 때문이다.
동성이 됐든 이성이 됐든 아직 운명의 짝을 만나지 못해서
그런 것이다.

둘이서 행동하면 당신의 시간은 반으로 줄어들고
셋이서 행동하면 4분의 1로 줄어든다.
운명의 상대와 만나고 싶다면 무리에서 빠져나와
단독으로 행동해야 한다.

혼자 다니다 보면 새로운 만남의 기회가 물밀듯 밀려올 것이다.

69

"
속박에서 벗어나야
다음 단계로
나아갈 수 있다
"

인생을 바꾸고 싶다면 현재 상황을 바꿔야 한다.

현재 상황을 바꾼다는 것은 자신을 얽매고 있는 속박에서

벗어나는 것을 의미한다.

이것이 가능하면 인생의 다음 단계로 나아갈 수 있다.

속박에서 벗어난 시점에서 당신의 인생이 새롭게 시작된다.

어중간하게 속박된 사람들은 이렇게 말한다.

"나는 거기서 벗어날 용기가 없습니다."

하지만 속박이 인생을 온통 지배하게 되면

어느 순간 우리를 옥죄고 있는 그 틀이 깨진다.

자신이 중요하다고 생각했던 것이,

사실은 다른 누군가의 이익을 위해 세뇌된 것임을

깨닫게 되는 것이다.

"좋은 대학에 들어가 안정된 회사에 취직해야 한다."

"어렵게 들어온 회사를 그만둘 수는 없다."

"서로 화합하는 것이 무엇보다 중요하다."

그럴싸하게 들리는 이런 말들이

나 자신을 위해서가 아니라

다른 누군가의 이득을 위해 존재한다는 생각이 드는 것이다.

자신을 얽매고 있는 속박에서 벗어나려면

어느 정도 스트레스가 필요하다.

이 스트레스가 속박을 끊어내는 에너지로 쓰이기 때문이다.

스트레스를 외면할 것이 아니라

이 에너지로 속박을 단숨에 끊어내도록 하자.

70

" 자신의 재능을
찾아내
갈고 닦는 것이
행복의 비결 "

인간은 누구나 행복을 바란다.

행복해지기 위해 이 세상에 태어났기 때문이다.

하지만 현실은 행복과 전혀 다른 방향으로 흘러가는 것 같다.

왜일까?

그것은 자신의 재능과 동떨어진 곳에서

시간을 낭비하고 있기 때문이다.

재능이란 하늘에서 내려준 선물이다.

조상 대대로 물려받은 유전자인 것이다.

세계 인구가 70억 명이라고 하면

이 세상에는 70억 가지 재능이 존재한다.

우주는 언제나 생성하고 발전해나가는 방향으로

작용하고 있으므로,

우주의 일부인 지구나 인간 역시

생성하고 발전해나가려고 한다.

그리고 인간의 생성과 발전은

자기만의 재능을 발휘하는 것이다.

하지만 세상엔 부자만 있는 것이 아니라 거지도 있지 않느냐고,

모든 인간이 생성하고 발전하는 것은 아니지 않느냐고

볼멘소리로 이의를 제기하는 사람도 있을 것이다.

생성하고 발전한다는 것은

모든 것이 과정이라는 말이다.

선사시대에서 보면 중세는 엄청나게 발전한 시대이고,

중세에서 보면 현대는 기적과도 같은 발전을 이룩한 시대다.

우주 전체와 연계해 생성, 발전해나가는 것이

당신의 역할이다.

나는 지금까지 이 책에서

당신이 당신의 재능을 찾는 데 도움이 되는

삶의 지혜에 대해 이야기했다.

언제까지나
그대를 생각하고 싶다